윤동주 향기시집

별이 바람에 스치운다 ─────────

일러두기

표기는 『하늘과 바람과 별과 시』(연세대학교 출판부, 2004)를 따르되
일부는 한글 맞춤법에 맞게 바로잡았습니다.
그러나 시의 운율이나 어감을 살릴 필요가 있는 경우에는
옛말이나 사투리, 문장 부호 등을 그대로 두었습니다.
윤동주 시인은 시의 말미에 작성 날짜를 적었습니다.
가끔 연도가 빠진 것이 있는데, 후대 연구자들이 추정한 제작 시기를 ( )안에 표기했습니다.

윤동주 향기시집

별이 바람에 스치운다 ────────

윤동주 시
한서형 향

윤동주 향기시집
『별이 바람에 스치운다』 책 사용법

평범한 날의 한편에서 책장을 펼칩니다.
시를 읽을 때마다 삶의 빛이 안온히 스며듭니다.
그 곁에서 향기도 살랑입니다.
향기는 이름 없이 다가와
있는 그대로 숨결 속에 머뭅니다.
가끔은, 조용한 위로가 삶을 피어나게 합니다.

<u>소소한 일상의 아름다움을 누리고 싶을 때</u>
눈을 감고 책을 펼친다
우연의 힘을 믿으며 펼쳐진 면의 시를 읽는다
책에 코를 가까이 대고 천천히 향기를 음미한다.

<u>삶의 길 위에서 잠시 쉬어가고 싶을 때</u>
천천히 책장을 넘기며 시를 읽고 또 읽는다
시구 속에서 새롭게 다가오는 삶의 의미를 발견한다
숨을 고르고 향을 맡으며 다시 피어날 힘을 얻는다.

일상에 지쳐 작은 바람에도 마음이 흔들릴 때
P.114「새로운 길」을 펼쳐 여러 번 읽는다
들숨으로 향을 마시며 지금 이 순간을 알아차린다
시와 향이 곁에서 나를 다정히 응원하고 있음에 감사한다.

잊고 지낸 꿈을 다시 떠올리고 싶을 때
책장을 펼쳐 눈길이 닿은 시를 읽는다
한 줄, 한 단어가 잊고 있던 나의 꿈을 흔들어 깨운다
마음에 스민 향을 따라 꿈이 은은히 다가와 머문다.

차례

서시 · 11
서문 · 13

I   바람과 구름과 햇빛과
      나무와 우정

봄 · 17 | 풍경 · 18 | 봄 · 19 | 종달새 · 20
햇빛 · 바람 · 21 | 모란봉에서 · 22 | 황혼 · 23
닭 · 24 | 비둘기 · 25 | 반딧불 · 26
해바라기 얼굴 · 27 | 산울림 · 28 | 나무 · 29
둘 다 · 30 | 소낙비 · 31 | 한난계 · 32 | 산림 · 33
산상 · 34 | 아침 · 35 | 또 태초의 아침 · 36
양지쪽 · 37 | 곡간 · 38 | 해ㅅ비 · 39 | 바다 · 40
남쪽 하늘 · 41 | 코스모스 · 42 | 개 · 43 | 닭 · 44
비 ㅅ뒤 · 45 | 사과 · 46 | 비로봉 · 47 | 소년 · 48
굴뚝 · 49 | 창공 · 50 | 황혼이 바다가 되어 · 51
눈 · 52 | 개 · 53 | 병아리 · 54 | 조개껍질 · 55
참새 · 56 | 눈 · 57 | 눈오는 지도 · 58 | 겨울 · 59
화원에 꽃이 핀다 · 60

II 사랑스런 추억

편지·67 | 초 한 대·68 | 투르게네프의 언덕·69

사랑스런 추억·70 | 가슴1·71 | 가슴2·72

가슴3·73 | 고향집·74 | 이적·75 | 창 구멍·76

비행기·77 | 호주머니·78 | 애기의 새벽·79

오줌싸개 지도·80 | 빗자루·81 | 만돌이·82

할아버지·84 | 거짓부리·85 | 버선본·86

식권·87 | 빨래·88 | 이별·89 | 이런 날·90

오후의 구장·91 | 산협의 오후·92 | 창·93

가로수·94 | 그 여자·95 | 흰 그림자·96

장·97 | 길·98 | 슬픈 족속·99 | 바람이 불어·100

위로·101 | 팔복·102 | 고추밭·103

기왓장 내외·104 | 간판 없는 거리·105

병원·106 | 장미 병들어·107 | 무서운 시간·108

간·109 | 태초의 아침·110 | 사랑의 전당·111

무얼 먹구 사나·112 | 삶과 죽음·113

새로운 길·114 | 달을 쏘다·115

| Ⅲ | 별 헤는 밤 |

자화상·121 | 거리에서·122

귀뚜라미와 나와·123 | 밤·124 | 울적·125

공상·126 | 달밤·127 | 꿈은 깨어지고·128

가을밤·129 | 야행·130 | 유언·131 | 비애·132

비오는 밤·133 | 내일은 없다·134 | 산골물·135

못 자는 밤·136 | 쉽게 씌어진 시·137

또 다른 고향·139 | 참회록·140 | 십자가·141

새벽이 올 때까지·142 | 어머니·143

아우의 인상화·144 | 돌아와 보는 밤·145

눈 감고 간다·146 | 명상·147 | 달같이·148

흐르는 거리·149 | 별 헤는 밤·150

별똥 떨어진 데·152 | 종시·155

Ⅳ 향기에 대하여
―――――――――――――――
별이 바람에 스치운다, 향기에 대하여
향기작가 한서형 · 165

향기에게는 바람이 단짝입니다. 옅은 숨 따라 코끝을 오가는 숨결도, 햇살 아래 살랑이는 샛바람도, 가을 단풍 곁을 서성이는 하늬바람도 시절의 향기를 실어 나릅니다. 별이 향기를 가진다면, 바람에 스치울 때야말로 가장 향기로운 순간일 것입니다.

서시

죽는 날까지 하늘을 우러러
한점 부끄럼이 없기를,
잎새에 이는 바람에도
나는 괴로워했다.
별을 노래하는 마음으로
모든 죽어가는 것을 사랑해야지
그리고 나한테 주어진 길을
걸어가야겠다.
오늘 밤에도 별이 바람에 스치운다.

1941년 11월 20일, 윤동주

서문

향기는 언제나 사라지며 존재합니다. 눈에 보이지 않고, 오래 머물지 못하지만, 숨결을 따라 삶을 환히 밝히지요. 그래서 나는 향기를, 그리고 향기를 빚는 나의 일을 사랑합니다.

별빛을 향기로 그리고 싶어, 오래도록 사유했습니다. 윤동주 시인의 시를 읽을 때마다 가슴속에 은은히 켜지던 그 빛을 어떻게 담아낼 수 있을까. 아득히 멀리 있으면서도 손끝에 닿을 듯 가깝고, 고독한 밤을 배경으로 따스하게 반짝이는 별. '별을 노래하는 마음'에 기대어 별빛을 그렸습니다. 그러다 문득 유향이 다가왔습니다. 사막에서 자라는 유향 나무는 상처 난 자리에 맺히는 나뭇진이 맑고 순한 향을 품고 있습니다. 몸과 마음을 정화하는 치유의 향으로 수천 년 동안 사랑받았고, 황금보다 귀하게 여겨진 유향은 가장 영적이고 시적인 향 가운데 하나입니다. 그 오랜 이야기를 따라가다 보면, 고통 속에서도 맑은 시어를 길어낸 윤동주 시인이 떠오릅니다. 그래서 향기의 중심에 유향을 두었습니다.

오래도록 품어온 소망, 이 책에는 많은 분들의 마음이 함께 했습니다. 특히 향기시집의 시작을 열어주신 나태주 시인 님, 세심히 마음을 기울여 주신 윤동주문학관과 김지민 님께 깊이 감사드립니다.

책을 펼쳐 시를 읽고 은은한 향을 맡을 때마다 반짝이며 스며드는 생의 기쁨을 누리길 바랍니다. 살아 있음이야말로 가장 큰 축복이니까요.

2025년 가을 별빛 아래, 한서형

바람과 구름과 햇빛과 나무와 우정

I

나는 풀포기처럼 피어난다.

봄

봄이 혈관 속에 시내처럼 흘러
돌, 돌, 시내 가차운 언덕에
개나리, 진달래, 노―란 배추꽃,

삼동을 참아온 나는
풀포기처럼 피어난다.

즐거운 종달새야
어느 이랑에서나 즐거웁게 솟쳐라.

푸르른 하늘은
아른, 아른, 높기도 한데……

(1942년 6월)

풍경

봄바람을 등진 초록빛 바다
쏟아질 듯 쏟아질 듯 위태롭다.

잔주름 치마폭의 두둥실거리는 물결은,
오스라질 듯 한껏 경쾌롭다.

마스트 끝에 붉은 깃발이
여인의 머리칼처럼 나부낀다.
    ※ ※
이 생생한 풍경을 앞세우며 뒤세우며
외―ㄴ 하루 거닐고 싶다.

──우중충한 오월 하늘 아래로
──바다빛 포기포기에 수놓은 언덕으로.

1937년 5월 29일

봄

우리 애기는
아래 발추에서 코올코올

고양이는
부뚜막에서 가릉가릉

애기 바람이
나뭇가지에 소올소올

아저씨 햇님이
하늘 한가운데서 째앵째앵

1936년 10월

종달새

종달새는 이른 봄날
질디진 거리의 뒷골목이
싫더라.
명랑한 봄하늘
가벼운 두 나래를 펴서
요염한 봄노래가
좋더라,
그러나
오늘도 구멍뚫린 구두를 끌고
훌렁훌렁 뒷거리길로
고기새끼 같은 나는 헤매나니,
나래와 노래가 없음인가
가슴이 답답하구나.

1936년 3월

햇빛 · 바람

손가락에 침 발라
쏘—ㄱ · 쏙 · 쏙
장에 가는 엄마 내다보려
문풍지를
쏘—ㄱ · 쏙 · 쏙

아침에 햇빛이 반짝,

손가락에 침 발라
쏘—ㄱ · 쏙 · 쏙
장에 가신 엄마 돌아오나
문풍지를
쏘—ㄱ · 쏙 · 쏙

저녁에 바람이 솔솔.

모란봉에서

앙당한 솔나무 가지에
훈훈한 바람의 날개가 스치고
얼음 섞인 대동강물에
한나절 햇발이 미끄러지다.

허물어진 성터에서
철모르는 여아들이
저도 모를 이국말로
재질대며 뜀을 뛰고,

난데없는 자동차가 밉다.

1936년 3월 24일

황혼

햇살은 미닫이 틈으로
길죽한 일자를 쓰고………지우고………

까마귀떼 지붕 위로
둘, 둘, 셋, 넷, 자꾸 날아지난다.
쑥쑥, 꿈틀꿈틀 북쪽 하늘로,

내사 ………
북쪽 하늘에 나래를 펴고 싶다.

1936년 3월 25일 평양서

닭

한 간 계사 그 너머 창공이 깃들어
자유의 향토를 잊은 닭들이
시들은 생활을 주잘대고,
생산의 고로를 부르짖었다.

음산한 계사에서 쏠려 나온
외래종 레그혼,
학원에서 새 무리가 밀려나오는
삼월의 맑은 오후도 있다.

닭들은 녹아드는 두엄을 파기에
아담한 두 다리가 분주하고
굶주렸던 주두리*가 바지런하다.
두 눈이 붉게 여물도록──

1936년 봄

---

*   주두리: 주둥이의 함경도 사투리

비둘기

안아보고 싶게 귀여운
산비둘기 일곱 마리
하늘 끝까지 보일 듯이 맑은 주일날 아침에
벼를 가두어 빽빽한 논에서
앞을 다투어 요를 주으며
어려운 이야기를 주고받으오.

날씬한 두 나래로 조용한 공기를 흔들어
두 마리가 나오,
집에 새끼 생각이 나는 모양이오.

2월 10일

반딧불

가자, 가자, 가자,
숲으로 가자.
달쪼각을 주으러
숲으로 가자.

    그믐밤 반딧불은
    부서진 달쪼각

가자, 가자, 가자,
숲으로 가자.
달쪼각을 주으러
숲으로 가자.

해바라기 얼굴

누나의 얼굴은
　　해바라기 얼굴.
해가 금방 뜨자
　　일터에 간다.

해바라기 얼굴은
　　누나의 얼굴.
얼굴이 숙어들어
　　집으로 온다.

산울림

까치가 울어서
산울림,
아무도 못들은
산울림.

까치가 들었다,
산울림,
저혼자 들었다,
산울림.

나무

나무가 춤을 추면
    바람이 불고,
나무가 잠잠하면
    바람도 자오.

둘 다

바다도 푸르고
하늘도 푸르고

바다도 끝없고
하늘도 끝없고

바다에 돌 던지고
하늘에 침 뱉고

바다는 벙글
하늘은 잠잠

소낙비

번개, 뇌성, 왁자지근 뚜드려
머—ㄴ 도회지에 낙뢰가 있어만 싶다.

벼룻장 엎어놓은 하늘로
살 같은 비가 살처럼 쏟아진다.

손바닥만한 나의 정원이
마음같이 흐린 호수되기 일쑤다.

바람이 팽이처럼 돈다.
나무가 머리를 이루 잡지 못한다.

내 경건한 마음을 모셔들여
노아 때 하늘을 한 모금 마시다.

1937년 8월 9일

한난계

싸늘한 대리석 기둥에 모가지를 비틀어 맨 한난계
문득 들여다볼 수 있는 운명한 오척육촌의 허리가는
수은주
마음은 유리관보다 맑소이다.

혈관이 단조로워 신경질인 여론동물(輿論動物)
가끔 분수같은 냉침을 억지로 삼키기에
정력을 낭비합니다.

영하로 손가락질할 수돌네 방처럼 추운 겨울보다
해바라기가 만발할 팔월 교정이 이상곱소이다.
피끓을 그 날이──

어제는 막 소낙비가 퍼붓더니 오늘은 좋은 날씨올시다.
동저고리 바람에 언덕으로, 숲으로 하시구려─
이렇게 가만가만 혼자서 귓속 이야기를 하였습니다.
나는 또 내가 모르는 사이에──

나는 아마도 진실한 세기의 계절을 따라,
하늘만 보이는 울타리 안을 뛰쳐
역사 같은 포지션을 지켜야 봅니다.

1937년 7월 1일

산림

시계가 자근자근 가슴을 때려
하잔한* 마음을 산림이 부른다.

천년 오래인 연륜에 짜들은 유적한 산림이
고달픈 한 몸을 포옹할 인연을 가졌나보다.

산림의 검은 파동 위로부터
어둠은 어린 가슴을 짓밟는다.

멀리 첫여름의 개구리 재질댐에
흘러간 마을의 과거가 아질타**.

가지, 가지사이로 반짝이는 별들만이
새날의 향연으로 나를 부른다.

발걸음을 멈추어
하나, 둘, 어둠을 헤어려본다
아득하다.

문득 이파리 흔드는 저녁 바람에
쏴—— 무섬이 옮아오고.

---

*   하잔한: '허전한'의 작은말
**   아질타: '아질(찔)하다'의 영탄형 줄임말인 듯

산상

거리가 바둑판처럼 보이고,
강물이 배암이 새끼처럼 기는
산 위에까지 왔다.
아직쯤은 사람들이
바둑돌처럼 벌여 있으리라.

한나절의 태양이
함석 지붕에만 비치고,
굼벵이 걸음을 하던 기차가
정거장에 섰다가 검은 내를 토하고
또, 걸음발을 탄다.

텐트같은 하늘이 무너져
이 거리를 덮을까 궁금하면서
좀더 높은 데로 올라가고 싶다.

아침

휙, 휙, 휙, 소꼬리가 부드러운 채찍질로 어둠을 쫓아,
캄, 캄, 어둠이 깊다 깊다 밝으오.

땀물을 뿌려 이 여름을 길렀소.

잎, 잎, 풀잎마다 땀방울이 맺혔소.

꾸김살 없는 이 아침을
심호흡하오 또 하오.

1936년

또 태초의 아침

하얗게 눈이 덮이었고
전신주가 잉잉 울어
하나님 말씀이 들려온다.

무슨 계시일까.

빨리
봄이 오면
죄를 짓고
눈이
밝아

이브가 해산하는 수고를 다하면

무화가 잎사귀로 부끄런 데를 가리고

나는 이마에 땀을 흘려야겠다.

1941년 5월 31일

양지쪽

저쪽으로 황토 실은 이 땅 봄바람이
호인의 물레바퀴처럼 돌아 지나고
아롱진 사월 태양의 손길이
벽을 등진 설은 가슴마다 올올이 만진다.

지도쩨기 놀음에 뉘 땅인 줄 모르는 애 둘이
한뽐 손가락이 짧음을 한함이여.

아서라! 가뜩이나 엷은 평화가
깨어질까 근심스럽다.

1936년 6월 26일

곡간

산들이 두 줄로 줄달음질 치고
여울이 소리쳐 목이 자졌다*.
한여름의 햇님이 구름을 타고
이 골짜기를 빠르게도 건너련다.

산등어리에 송아지 뿔처럼
울뚝불뚝히 어린 바위가 솟고,
얼룩소의 보드라운 털이
산등서리에 퍼—렇게 자랐다.

삼년만에 고향 찾아드는
산골 나그네의 발걸음이
타박타박 땅을 고눈다.
벌거숭이 두루미 다리같이……

헌 신짝이 지팽이 끝에
목아지를 매달아 늘어지고,
까치가 새끼의 날발을 태우려 날 뿐,
골짝은 나그네의 마음처럼 고요하다.

1936년 여름

---

* 목이 자졌다: 목이 잠겼다, 목이 쉬었다

해ㅅ비

아씨처럼 나린다
보슬보슬 해ㅅ비
맞아주자, 다같이
    옥수수대처럼 크게
    닷자엿자 자라게
    해ㅅ님이 웃는다
    나보고 웃는다.

하늘다리 놓였다,
알롱달롱 무지개
노래하자, 즐겁게
    동무들아 이리 오나
    다같이 춤을 추자
    해ㅅ님이 웃는다
    즐거워 웃는다.

1936년 9월 9일

바다

실어다 뿌리는
바람조차 씨원타*.

솔나무 가지마다 새춤히
고개를 돌리어 뻐들어지고,

밀치고
밀치운다.

이랑을 넘는 물결은
폭포처럼 피어오른다.

해변에 아이들이 모인다
찰찰 손을 씻고 구부로

바다는 자꾸 섧어진다
갈매기의 노래에………

도려다보고 도려다보고
돌아가는 오늘의 바다여!

1937년 9월 원산 송도원서

---

* 씨원타: '시원하다'의 강조 표현

남쪽 하늘

제비는 두 나래를 가지었다.
시산한 가을날——

어머니의 젖가슴이 그리운
서리 나리는 저녁——

어린 영은 쪽나래의 향수를 타고
남쪽 하늘에 떠돌 뿐——

1935년 10월 평양에서

코스모스

청초한 코스모스는
오직 하나인 나의 아가씨

달빛이 싸늘히 추운 밤이면
옛 소녀가 못 견디게 그리워
코스모스 핀 정원으로 찾아간다.

코스모스는
귀또리 울음에도 수줍어지고

코스모스 앞에선 나는
어렸을 적처럼 부끄러워지나니

내 마음은 코스모스의 마음이요
코스모스의 마음은 내 마음이다.

1938년 9월 20일

개

「이 개 더럽잖니」
아──니 이웃집 덜렁 수캐가
오늘 어슬렁어슬렁 우리집으로 오더니
우리집 바둑이의 밑구멍에다 코를 대고
씩씩 내를 맡겠지 더러운 줄도 모르고,
보기 흉해서 막 차며 욕해 쫓았더니
꼬리를 휘휘 저으며
너희들보다 어떻겠냐 하는 상으로
뛰어가겠지요 나──참.

닭

―― 닭은 나래가 커두
왜, 날잖나요
―― 아마 두엄 파기에
홀*, 잊었나봐.

* 홀: 깜빡

비ㅅ뒤

「어— 얼마나 반가운 비냐」
할아버지의 즐거움.

가물 들었던 곡식 자라는 소리
할아버지 담배 빠는 소리와 같다.

비ㅅ뒤의 해ㅅ살은
풀잎에 아름답기도 하다.

사과

붉은 사과 한 개를
아버지 어머니
누나, 나, 넷이서
껍질채로 송치까지
다 — 노나 먹었소.

비로봉

만상을
굽어보기란——

무릎이
오들오들 떨린다.

백화
어려서 늙었다.

새가 나비가 된다

정말 구름이
비가 된다.

옷자락이
칩다*.

1937년 9월

---

* 칩다: '춥다'의 사투리(강원, 경상, 함경)

소년

여기저기서 단풍잎 같은 슬픈 가을이 뚝뚝 떨어진다. 단풍잎 떨어져 나온 자리마다 봄을 마련해 놓고 나뭇가지 위에 하늘이 펼쳐 있다. 가만히 하늘을 들여다보려면 눈썹에 파란 물감이 든다. 두 손으로 따뜻한 볼을 쓸어 보면 손바닥에도 파란 물감이 묻어난다. 다시 손바닥을 들여다본다. 손금에는 맑은 강물이 흐르고, 맑은 강물이 흐르고, 강물 속에는 사랑처럼 슬픈 얼굴—— 아름다운 순이의 얼굴이 어린다. 소년은 황홀히 눈을 감아 본다. 그래도 맑은 강물은 흘러 사랑처럼 슬픈 얼굴—— 아름다운 순이의 얼굴은 어린다.

1939년

굴뚝

산골짜기 오막살이 낮은 굴뚝엔
몽기몽기 웨인내굴 대낮에 솟나.
                    X
감자를 굽는 게지, 총각 애들이
깜박깜박 검은 눈이 모여 앉아서
입술이 꺼멓게 숯을 바르고
옛이야기 한 커리*에 감자 하나씩
                    X
산골짜기 오막살이 낮은 굴뚝엔
살랑살랑 솟아나네 감자굽는 내.

1936년 가을

---

*   커리: '켤레'의 사투리(평북, 함경, 강원) 연변지역에서는
'킬레'라고도 하며, "이야기 한 컬레 해봐라"라는 식으로 사용한다고 함.

창공

그 여름날
열정의 포플러는
오려는 창공의 푸른 젖가슴을
어루만지려
팔을 펼쳐, 흔들거렸다.
끓는 태양 그늘 좁다란 지점에서.
     X
천막 같은 하늘 밑에서
떠들던 소나기
그리고 번개를
춤추던 구름은 이끌고
남방으로 도망하고
높다랗게 창공은 한 폭으로
가지 위에 퍼지고
둥근달과 기러기를 불러왔다.
     X
푸드른 어린 마음이 이상에 타고
그의 동경의 날 가을에
조락의 눈물을 비웃다.

1935년 10월 20일 평양에서

황혼이 바다가 되어

하루도 검푸른 물결에
흐느적 잠기고…… 잠기고……

저―웬 검은 고기떼가
물든 바다를 날아 횡단할꼬.

낙엽이 된 해초
해초마다 슬프기도 하오.

서창에 걸린 해말간 풍경화
옷고름 너어는* 고아의 설움

이제 첫항해하는 마음을 먹고
방바닥에 나딩구오…… 딩구오……

황혼이 바다가 되어
오늘도 수많은 배가
나와 함께 이 물결에 잠겼을 게오.

---

* 너얼다: 썹다, 빨다의 북도 사투리

눈

눈이
새하얗게 와서
눈이
새물새물 하오[*].

---

* 새물새물하다: '눈이 부시다'라는 뜻

개

눈 우에서
개가
꽃을 그리며
뛰오.

병아리

『뾰, 뾰, 뾰
 엄마 젖 좀 주』
병아리 소리.
　　X　X
『꺽, 꺽, 꺽
오냐, 좀 기다려』
엄마닭 소리.
　　X　X
좀 있다가 병아리들은
젖 먹으려는지
엄마 품으로 다 들어갔지요.

1936년 11월

조개껍질
– 바닷물소리 듣고 싶어 –

아롱아롱 조개껍데기
울언니 바닷가에서
주어온 조개껍데기
      X
여긴여긴 북쪽나라요
조개는 귀여운선물
장난감 조개껍데기
      X
데굴데굴 굴리며놀다
짝잃은 조개껍데기
한짝을 그리워하네
      X
아롱아롱 조개껍데기
나처럼 그리워하네
물소리 바닷물소리

1935년 12월

참새

가을 지난 마당을
　　백로지인 양
참새들이
　　글씨공부 하지요
　　　X
짹, 짹,
　　입으론
　　　　　부르면서
두 발로는
　　글씨공부 하지요
　　　X
하루 종일
　　글씨공부 하여도
짹자 한 자
　　밖에 더 못쓰는 걸.

1936년 12월경

눈

지난밤에
눈이 소―복이 왔네
지붕이랑
길이랑 밭이랑
추워한다고
덮어주는 이불인가 봐

그러기에
추운 겨울에만 나리지

1936년 12월

눈오는 지도

순이가 떠난다는 아침에 말못할 마음으로 함박눈이 나려, 슬픈 것처럼 창밖에 아득히 깔린 지도 위에 덮힌다.
방안을 돌아다보아야 아무도 없다. 벽과 천정이 하얗다. 방안에까지 눈이 나리는 것일까, 정말 너는 잃어버린 역사처럼 홀홀히 가는 것이냐, 떠나기 전에 일러둘 말이 있던 것을 편지를 써서도 네가 가는 곳을 몰라 어느 거리, 어느 마을, 어느 지붕 밑, 너는 내 마음 속에만 남아 있는 것이냐, 네 쪼고만 발자욱을 눈이 자꾸 나려 덮혀 따라갈 수도 없다. 눈이 녹으면 남은 발자욱 자리마다 꽃이 피리니 꽃 사이로 발자욱을 찾아 나서면 일년 열두 달 하냥 내 마음에는 눈이 나리리라.

1941년 3월 12일

겨울

처마 밑에
시래기 다람이
바삭바삭
추워요.
  길바닥에
  말똥 동그래미
  달랑 달랑
  얼어요.

1936년 겨울

화원에 꽃이 핀다

 개나리, 진달래, 앉은뱅이, 라일락 민들레 찔레 복사 들장미 해당화 모란 릴리 창포 튜울립 카네이션 봉선화 백일홍 채송화 다알리아 해바라기 코스모스——코스모스가 홀홀히 떨어지는 날 우주의 마지막은 아닙니다. 여기에 푸른 하늘이 높아지고, 빨간 노란 단풍이 꽃에 못지 않게 가지마다 물들었다가 귀또리 울음이 끊어짐과 함께 단풍의 세계가 무너지고, 그 위에 하룻밤 사이에 소복이 흰눈이 나려, 쌓이고 화로에는 빨간 숯불이 피어오르고 많은 이야기와 많은 일이 이 화로가에서 이루어집니다.
 독자제현! 여러분은 이 글이 씌어지는 때를 독특한 계절로 짐작해서는 아니됩니다. 아니, 봄, 여름, 가을, 겨울, 어느 철로나 상정하셔도 무방합니다. 사실 일년 내내 봄일 수는 없습니다. 하나 이 화원에는 사철 내 봄이 청춘들과 함께 싱싱하게 등대하여 있다고 하면 과분한 자기선전일까요. 하나의 꽃밭 이루어지도록 손쉽게 되는 것이 아니라 고생과 노력이 있어야 하는 것입니다.
 딴은 얼마의 단어를 모아 이 졸문을 지적거리는 데도 내 머리는 그렇게 명석한 것은 못 됩니다. 한 해 동안을 내 두뇌로써가 아니라 몸으로써 일일이 헤어려 겨우 몇 줄의 글이 이루어집니다. 그리하여 나에게 있어 글을 쓴다는 것이 그리 즐거운 일일 수는 없습니다. 봄바람의 고민에 짜들고, 녹음의 권태에 시들고, 가을하늘 감상에 울고, 노변의 사색에 졸다가 이 몇 줄의 글과 나의 화원과 함께 나의 일년은 이루어집니다.
 시간을 먹는다는 이 말의 의의와 이 말의 묘미는 칠판 앞에서 보신 분과 칠판 밑에 앉아보신 분은 누구나 아실 것입니다. 그것은 확실히 즐거운 일임에 틀림없습니다. 하루를 휴강한다는 것보다,(하긴 슬그머니 깨먹어버리면 그만이지만) 다못 한 시간, 예습, 숙제를 못해 왔다든가, 따분하고 졸리고 한 때, 한 시간의 휴강은 진실로 살로 가는 것이어서, 만일 교수가 불편하여 못 나오셨다고 하더라도 미처 우리들의 예의를 갖출 사이가 없는 것입니다.

 그러나 이것을 우리들의 망발과 시간의 낭비라고 속단하셔서 아니 됩니다. 여기에 화원이 있습니다. 한 포기 푸른 풀과 한 떨기의 붉은 꽃과 함께 웃음이 있습니다. 노―트장을 적시는 것보다, 우한충동에 묻혀 글줄과 씨름하는 것보다 더 명확한 진리를 탐구할 수 있을는지 보다 더 많은 지식을 획득할 수 있을는지 보다 더 효과적인 성과가 있을지를 누가 부인하겠습니까.

 나는 이 귀한 시간을 슬그머니 동무들을 떠나서 단 혼자 화원에 거닐 수 있습니다. 단 혼자 꽃들과 풀들과 이야기할 수 있다는 것이 얼마나 다행한 일이겠습니까. 참말 나는 온 정으로 이들을 대할 수 있고 그들은 웃음으로 나를 맞아줍니다. 그 웃음을 눈물로 대한다는 것은 나의 감상일까요, 고독, 정적도 확실히 아름다운 것임에 틀림이 없으나, 여기에 또 서로 마음을 주는 동무가 있는 것도 다행한 일이 아닐 수 없습니다. 우리 화원 속에 모인, 동무들 중에, 집에 학비를 청구하는 편지를 쓰는 날 저녁이면 생각하고 생각하든 끝 겨우 몇 줄 써보낸다는 A군, 기뻐해야 할 서류(통칭 월급봉투)를 받아든 손이 떨린다는 B군, 사랑을 위하여서는 밥맛을 잃고 잠을 잊어버린다는 C군, 사상적 당착에 자살을 기약한다는 D군… 나는 이 여러 동무들의 갸륵한 심정을 내 것인 것처럼 이해할 수 있습니다. 서도 너그러운 마음으로 대할 수 있습니다.

나는 세계관, 인생관, 이런 좀 더 큰 문제보다 바람과 구름과 햇빛과 나무와 우정, 이런 것들에 더 많이 괴로워해 왔는지도 모르겠습니다. 단지 이 말이 나의 역설이나, 나 자신을 흐리우는 데 지날 뿐일까요.

 일반은 현대 학생도덕이 부패했다고 말합니다. 스승을 섬길 줄을 모른다고들 합니다. 옳은 말씀들입니다. 부끄러울 따름입니다. 하나 이 결함을 괴로워하는 우리들 어깨에 지워 광야로 내쫓아 버려야 하나요, 우리들의 아픈 데를 알아주는 스승, 우리들의 생채기를 어루만져주는 따뜻한 세계가 있다면 박탈된 도덕일지언정 기울여 스승을 진심으로 존경하겠습니다. 온정의 거리에서 원수를 만나면 손목을 붙잡고 목놓아 울겠습니다.

 세상은 해를 거듭, 포성에 떠들썩하건만 극히 조용한 가운데 우리들 동산에서 서로 융합할 수 있고 이해할 수 있고 종전의 □□가 있는 것은 시세의 역효과일까요.

 봄이 가고, 여름이 가고, 가을, 코스모스가 훌훌히 떨어지는 날 우주의 마지막은 아닙니다. 단풍의 세계가 있고, ──이상이견빙지(履霜而堅氷至)──서리를 밟거든 얼음이 굳어질 것을 각오하라─가 아니라, 우리는 서릿발에 끼친 낙엽을 밟으면서 멀리 봄이 올 것을 믿습니다.

노변에서 많은 일이 이루어질 것입니다.

사랑스런 추억

II

젊음은 오래 거기 남아 있거라.

편지

누나!
이 겨울에도
눈이 가득히 왔습니다.
   X X
흰 봉투에
눈을 한줌 넣고
글씨도 쓰지 말고
우표도 부치지 말고
말쑥하게 그대로
편지를 부칠까요
   X X
누나 가신 나라엔
눈이 아니 온다기에.

(1936년 12월경)

초 한 대

초 한 대―――
내 방에 품긴 향내를 맡는다.

X

광명의 제단이 무너지기 전
나는 깨끗한 제물을 보았다.

X

염소의 갈비뼈 같은 그의 몸
그의 생명인 심지까지
백옥 같은 눈물과 피를 흘려
불살라 버린다.

X

그리고도 책머리에 아롱거리며
선녀처럼 촛불은 춤을 춘다.

X

매를 본 꿩이 도망가듯이
암흑이 창구멍으로 도망한
나의 방에 품긴
제물의 위대한 향내를 맛보노라.

1934년 12월 24일

투르게네프의 언덕

 나는 고개길을 넘고 있었다……그때 세 소년 거지가 나를
지나쳤다.
 첫째 아이는 잔등에 바구니를 둘러메고, 바구니 속에는
사이다병, 간즈매통, 쇳조각, 헌 양말짝 등 폐물이
가득하였다.
 둘째 아이도 그러하였다.
 셋째 아이도 그러하였다.
 텁수룩한 머리털, 시커먼 얼굴에 눈물고인 충혈된 눈, 색
잃어 푸르스름한 입술, 너덜너덜한 남루, 찢겨진 맨발,
아—얼마나 무서운 가난이 이 어린 소년들을 삼키었느냐!
 나는 측은한 마음이 움직이었다.
 나는 호주머니를 뒤지었다. 두툼한 지갑, 시계, 손수건…
…있을 것은 죄다 있었다.
 그러나 무턱대고 이것들을 내줄 용기는 없었다. 손으로
만지작만지작 거릴 뿐이었다.
 다정스레 이야기나 하리라 하고 "애들아" 불러 보았다.
 첫째 아이가 충혈된 눈으로 흘끔 돌아다 볼 뿐이었다.
 둘째 아이도 그러할 뿐이었다.
 셋째 아이도 그러할 뿐이었다.
 그리고는 너는 상관없다는 듯이 자기네끼리 소곤소곤
이야기하면서 고개로 넘어갔다.
 언덕 위에는 아무도 없었다.
 짙어가는 황혼이 밀려들 뿐——

1939년 9월

사랑스런 추억

봄이 오던 아침, 서울 어느 쪼그만 정거장에서
희망과 사랑처럼 기차를 기다려,

나는 플랫폼에 간신한 그림자를 떨어트리고,
담배를 피웠다.

내 그림자는 담배연기 그림자를 날리고
비둘기 한 떼가 부끄러울 것도 없이
나래 속을 속, 속, 햇빛에 비춰, 날았다.

기차는 아무 새로운 소식도 없이
나를 멀리 실어다 주어,

봄은 다 가고── 동경 교외 어느 조용한 하숙방
에서, 옛 거리에 남은 나를 희망과 사랑처럼
그리워한다.

오늘도 기차는 몇 번이나 무의미하게 지나가고,

오늘도 나는 누구를 기다려 정거장 가차운 언덕에서
서성거릴 게다.

─아아 젊음은 오래 거기 남아 있거라.

(1942년) 5월 13일

가슴 1

소리없는 북
답답하면 주먹으로
뚜드려 보오.

그래 봐도
후──
가──는 한숨보다 못하오.

1936년 3월 25일 평양서

가슴 2

늦은 가을 쓰르래미
숲에 싸여 공포에 떨고,

웃음 웃는 흰 달 생각이
도망가오.

1936년 3월 25일

가슴 3

불꺼진 화독을
안고 도는 겨울밤은 깊었다.

재만 남은 가슴이
문풍지 소리에 떤다.

1936년 7월 24일

고향집
– 만주에서 부른 –

헌짚신짝 끄을고
　나여기 왜왔노
두만강을 건너서
　쓸쓸한 이땅에
　　　X
남쪽하늘 저밑엔
　따뜻한 내고향
내어머니 계신곳
　그리운 고향집.

1936년 1월 6일

이적

발에 터분한 것을 다 빼어 버리고
황혼이 호수 위로 걸어오듯이
나도 사뿐사뿐 걸어보리이까?

내사 이 호수가로
부르는 이 없이
불리어 온 것은
참말 이적(異蹟)*이외다.

오늘따라
연정, 자홀, 시기 이것들이
자꾸 금메달처럼 만져지는구려

하나, 내 모든 것을 여념없이,
물결에 써서 보내려니
당신은 호면으로 나를 불러내소서.

1938년 6월 19일

---

* 이적(異蹟): 상식으로는 생각할 수 없는 기이한 일

창 구멍

바람 부는 새벽에 장터 가시는
우리 아빠 뒷자취 보고 싶어서
춤을 발라 뚫어논 작은 창구멍
아롱 아롱 아침해 비치웁니다.

     X

눈 나리는 저녁에 나무 팔러간
우리 아빠 오시나 기다리다가
혀 끝으로 뚫어논 작은 창구멍
살랑 살랑 찬바람 날아듭니다.

비행기

머리의 프로펠러가
연자간 풍차보다
더— 빨리 돈다.
　　　　X
땅에서 오를 때보다
하늘에 높이 떠서는
빠르지 못하다
숨결이 찬 모양이야.
　　　　X
비행기는——
새처럼 나래를
펄럭거리지 못한다.
그리고, 늘——
소리를 지른다
숨이 찬가 봐.

1936년 10월 초

호주머니

넣을 것 없어
걱정이던
호주머니는

겨울만 되면
주먹 두 개 갑북 갑북.

애기의 새벽

우리집에는
닭도 없단다.
다만
애기가 젖달라 울어서
새벽이 된다.

우리집에는
시계도 없단다.
다만
애기가 젖달라 보채어
새벽이 된다.

오줌싸개 지도

빨랫줄에 걸어 논
    요에다 그린 지도는
지난밤에 내 동생
    오줌싸서 그린 지도
       X   X   X
꿈에 가본 엄마 계신
    별나라 지돈가
돈 벌러간 아빠 계신
    만주땅 지돈가

(1936년 초)

빗자루

요―리조리 베면 저고리 되고
이―렇게 베면 큰총 되지.
    누나하구 나하구
    가위로 종이 쏠았더니
    어머니가 빗자루 들고
    누나 하나 나 하나
    볼기짝을 때렸소
    방바닥이 어지럽다고―.

    아니 아―니
    고놈의 빗자루가
    방바닥 쓸기 싫으니
    그랬지 그랬지
괘씸하여 벽장 속에 감췄더니
이튿날 아침 빗자루가 없다고
어머니가 야단이지요.

1936년 9월 9일(1936년 12월 이후 개작)

만돌이

만돌이가 학교에서 돌아오다가
전봇대 있는 데서
돌재기 다섯 개를 주웠습니다.

전봇대를 겨누고
돌 첫 개를 뿌렸습니다.
──딱──
두 개째 뿌렸습니다.
──아불사──
세 개째 뿌렸습니다.
──딱──
네 개째 뿌렸습니다.
──아불사──
다섯 개째 뿌렸습니다.
──딱──

다섯 개에 세 개……
그만하면 되었다.
내일 시험
다섯 문제에 세 문제만 하면──
손꼽아 구구를 하여봐도
허양 육십 점이다
볼 거 있나 공차러 가자.

그 이튿날 만돌이는
꼼짝 못하고 선생님한테

흰 종이를 바쳤을까요.
 그렇잖으면 정말
 육십 점을 맞았을까요.

할아버지

왜떡이 쓴 데도
자꾸 달다고 하오.

1937년 3월 10일

거짓부리

똑, 똑, 똑
문 좀 열어주세요
하룻밤 자고 갑시다
밤은 깊고 날은 추운데
거, 누굴까?
문 열어주고 보니
검둥이 꼬리가
거짓부리 한 걸.
    X   X
꼬끼요 꼬끼요
닭알 낳았다
간난아! 어서 집어가거라
간난이 뛰어가 보니
닭알은 무슨 닭알
고놈의 암탉이
대낮에 새빨간
  거짓부리 한 걸.

버선본

어머니!
누나 쓰다버린 습자지는
두었다간 뭣에 쓰나요?

그런 줄 몰랐더니
습자지에다 내 버선 놓고
가위로 오려
버선본 만드는 걸.
      X   X
어머니!
내가 쓰다버린 몽당연필은
두었다간 뭣에 쓰나요

그런 줄 몰랐더니
천 위에다 버선본 놓고
침 발라 점을 찍곤
내 버선 만드는 걸.

1936년 12월 초

식권

식권은 하루 세끼를 준다.
    X
식모는 젊은 아이들에게
한때 흰 그릇 셋을 준다.
    X
대동강 물로 끓인 국
평안도 쌀로 지은 밥
조선의 매운 고추장
    X
식권은 우리 배를 부르게.

1936년 3월 20일

빨래

빨래줄에 두 다리를 드리우고
흰 빨래들이 귓속 이야기하는 오후,

쨍쨍한 칠월 햇발은 고요히도
아담한 빨래에만 달린다.

1936년

이별

눈이 오다, 물이 되는 날
잿빛 하늘에 또 뿌연 내, 그리고,
커다란 기관차는 빼―액―울며,
쪼끄만, 가슴은, 울렁거린다.
                              X
이별이 너무 재빠르다, 안타깝게도,
사랑하는 사람을,
일터에서 만나자 하고──.
더운 손의 맛과, 구슬 눈물이 마르기 전
기차는 꼬리를 산굽으로 돌렸다.

1936년 3월 20일

이런 날

사이좋은 정문의 두 돌기둥 끝에서
오색기와 태양기가 춤을 추는 날
금을 그은 지역의 아이들이 즐거워하다.
              X
아이들에게 하루의 건조한 학과로
햇맑간 권태가 깃들고
「모순」두 자를 이해치 못하도록
머리가 단순하였구나.
              X
이런 날에는
잃어버린 완고하던 형을
부르고 싶다.

1936년 6월 10일

오후의 구장

늦은 봄 기다리던 토요일 날.
오후 세시 반의 경성행 열차는
석탄연기를 자욱이 품기고
소리치고 지나가고
     X
한몸을 끄을기에 강하던
공(뽈)이 자력을 읽고
한 모금의 물이
불붙는 목을 축이기에
넉넉하다.
젊은 가슴의 피순환이 잦고
두 철각이 늘어진다.
    X
검은 기차 연기와 함께
푸른 산이
아지랑 저 쪽으로
까라앉는다.

1936년 5월

산협의 오후

내 노래는 오히려
섧은 산울림.

골짜기 길에
떨어진 그림자는
너무나 슬프구나.

오후의 명상은
아—— 졸려.

1937년 9월

창

쉬는 시간마다
나는 창녘으로 합니다.

───창은 산 가르침

이글이글 불을 피워주소,
이방에 찬것이 서립니다.

단풍잎 하나
맴도나 보니
아마도 자그마한 선풍이 인 게외다.

그래도 싸느란 유리창에
햇살이 쨍쨍한 무렵
상학종이 울어만 싶습니다.

1937년 10월

가로수

가로수, 단촐한 그늘 밑에
구두술 같은 혓바닥으로
무심히 구두술을 핥는 시름.

대는 오정. 싸이렌,
어디로 갈 것이냐?

□시 그늘은 맴 돌고.
따라 사나이도 맴돌고.

1938년 6월 1일

그 여자

함께 핀 꽃에 처음 익은 능금은
먼저 떨어졌습니다.

오늘도 가을바람은 그냥 붑니다.

길가에 떨어진 붉은 능금은
지나던 손님이 집어갔습니다.

1937년 7월 26일

흰 그림자

황혼이 짙어지는 길모금에서
하루 종일 시들은 귀를 가만히 기울이면
땅거미 옮겨지는 발자취소리

발자취소리를 들을 수 있도록
나는 총명했던가요.

이제 어리석게도 모든 것을 깨달은 다음
오래 마음 깊은 속에
괴로워하던 수많은 나를
하나, 둘 제 고장으로 돌려보내면
거리모퉁이 어둠 속으로
소리없이 사라지는 흰 그림자

흰 그림자들
연연히 사랑하던 흰 그림자들

내 모든 것을 돌려보낸 뒤
허전히 뒷골목을 돌아
황혼처럼 물드는 내 방으로 돌아오면

신념이 깊은 의젓한 양처럼
하루 종일 시름없이 풀포기나 뜯자.

(1942년) 4월 14일

장

이른 아침 아낙네들은 시들은 생활을
바구니 하나 가득 담아 이고……
업고 지고……안고 들고……
모여드오 자꾸 장에 모여드오.

가난한 생활을 골골이 벌여놓고
밀려가고…… 밀려오고……
저마다 생활을 외치오……싸우오.

왼 하루 올망졸망한 생활을
되질하고 저울질하고 자질하다가
날이 저물어 아낙네들이
쓴 생활과 바꾸어 또 이고 돌아가오.

1937년 봄

길

잃어 버렸습니다.
무얼 어디다 잃었는지 몰라
두 손이 주머니를 더듬어
길에 나아갑니다.

돌과 돌과 돌이 끝없이 연달아
길은 돌담을 끼고 갑니다.

담은 쇠문을 굳게 닫아
길 위에 긴 그림자를 드리우고

길은 아침에서 저녁으로
저녁에서 아침으로 통했습니다.

돌담을 더듬어 눈물짓다
쳐다보면 하늘은 부끄럽게 푸릅니다.

풀 한 포기 없는 이 길을 걷는 것은
담 저쪽에 내가 남아 있는 까닭이고

내가 사는 것은, 다만
잃은 것을 찾는 까닭입니다.

1941년 9월 31일

슬픈 족속

흰 수건이 검은 머리를 두르고
흰 고무신이 거친 발에 걸리우다.

흰 저고리 치마가 슬픈 몸집을 가리고
흰 띠가 가는 허리를 질끈 동이다.

1938년 9월

바람이 불어

바람이 어디로부터 불어와
어디로 불려가는 것일까,

바람이 부는데
내 괴로움에는 이유가 없다.

내 괴로움에는 이유가 없을까,

단 한 여자를 사랑한 일도 없다.
시대를 슬퍼한 일도 없다.

바람이 자꾸 부는데
내 발이 반석 위에 섰다.

강물이 자꾸 흐르는데
내 발이 언덕 위에 섰다.

1941년 6월 2일

위로

거미란 놈이 흉한 심보로 병원 뒤뜰 난간과 꽃밭 사이 사람 발이 잘 닿지 않는 곳에 그물을 쳐놓았다. 옥외요양을 받는 젊은 사나이가 누워서 쳐다보기 바르게——

나비가 한 마리 꽃밭에 날아들다 그물에 걸리었다. 노—란 날개를 파득거려도 파득거려도 나비는 자꾸 감기우기만 한다. 거미가 쏜살같이 가더니 끝없는 끝없는 실을 뽑아 나비의 온몸을 감아버린다. 사나이는 긴 한숨을 쉬었다.

나이보담 무수한 고생 끝에 때를 잃고 병을 얻은 이 사나이를 위로할 말이——거미줄을 헝클어 버리는 것밖에 위로의 말이 없었다.

1940년 12월 3일

팔복
-마태복음 5장 3-12

슬퍼하는 자는 복이 있나니
슬퍼하는 자는 복이 있나니
슬퍼하는 자는 복이 있나니
슬퍼하는 자는 복이 있나니
슬퍼하는 자는 복이 있나니
슬퍼하는 자는 복이 있나니
슬퍼하는 자는 복이 있나니
슬퍼하는 자는 복이 있나니

저희가 영원히 슬플 것이오.

(1940년 12월경)

고추밭

시들은 잎새 속에서
고 빨―간 살을 드러내 놓고,
고추는 방년된 아가씬 양
땍볕에 자꾸 익어간다.

할머니는 바구니를 들고
밭머리에서 어정거리고
손가락 너어는 아이는
할머니 뒤만 따른다.

1938년 10월 26일

기왓장 내외

비오는날 저녁에 기왓장내외
잃어버린 외아들 생각나선지
꼬부라진 잔등을 어루만지며
쭈룩쭈룩 구슬피 울음웁니다
     X
대궐지붕 위에서 기왓장내외
아름답던 옛날이 그리워선지
주름잡힌 얼굴을 어루만지며
물끄러미 하늘만 쳐다봅니다.

간판 없는 거리

정거장 플랫폼에
내렸을 때 아무도 없어

다들 손님들뿐
손님 같은 사람들뿐

집집마다 간판이 없어
집 찾을 근심이 없어

빨갛게
파랗게
불붙는 문자도 없이

모퉁이마다
자애로운 헌 와사등에
불을 켜놓고

손목을 잡으면
다들, 어진 사람들
다들, 어진 사람들

봄, 여름, 가을, 겨울,
순서로 돌아들고.

1941년

병원

살구나무 그늘로 얼굴을 가리고, 병원 뒷뜰에 누워, 젊은 여자가 흰옷 아래로 하얀 다리를 드러내 놓고 일광욕을 한다. 한나절이 기울도록 가슴을 앓는다는 이 여자를 찾아오는 이, 나비 한 마리도 없다. 슬프지도 않은 살구나무가지에는 바람조차 없다.

나도 모를 아픔을 오래 참다 처음으로 이 곳에 찾아왔다. 그러나 나의 늙은 의사는 젊은이의 병을 모른다. 나한테는 병이 없다고 한다. 이 지나친 시련, 이 지나친 피로, 나는 성내서는 안 된다.

여자는 자리에서 일어나 옷깃을 여미고 화단에서 금잔화 한 포기를 따 가슴에 꽂고 병실 안으로 사라진다. 나는 그 여자의 건강이── 아니 내 건강도 속히 회복되기를 바라며 그가 누웠던 자리에 누워본다.

1940년 12월

장미 병들어

장미 병들어
옮겨 놓을 이웃이 없도다.

달랑달랑 외로히
황마차 태워 산에 보낼거나

뚜─── 구슬피
화륜선 태워 대양에 보낼거나

프로펠러 소리 요란히
비행기 태워 성층권에 보낼거나

이것 저것
다 그만두고

자라가는 아들이 꿈을 깨기 전
이내 가슴에 묻어다오.

1939년 9월

무서운 시간

거 나를 부르는 것이 누구요

가랑잎 이파리 푸르러 나오는 그늘인데
나 아직 여기 호흡이 남아 있소.

한번도 손들어 보지 못한 나를
손들어 표할 하늘도 없는 나를

어디에 내 한몸 둘 하늘이 있어
나를 부르는 것이오.

일이 마치고 내 죽는 날 아침에는
서럽지도 않은 가랑잎이 떨어질 텐데……

나를 부르지 마오.

1941년 2월 7일

간

바닷가 햇빛 바른 바위 위에
습한 간을 펴서 말리우자.

코카사쓰 산중에서 도망해온 토끼처럼
둘러리를 빙빙 돌며 간을 지키자.

내가 오래 기르던 여윈 독수리야!
와서 뜯어먹어라, 시름없이

너는 살지고
나는 여위어야지, 그러나,

거북이야!
다시는 용궁의 유혹에 안 떨어진다.

프로메테우스 불쌍한 프로메테우스
불 도적한 죄로 목에 맷돌을 달고
끝없이 침전하는 프로메테우스.

1941년 11월 29일

태초의 아침

봄날 아침도 아니고
여름, 가을, 겨울,
그런 날 아침도 아닌 아침에

빨—간 꽃이 피어났네
햇빛이 푸른데

그 전날 밤에
그 전날 밤에
모든 것이 마련되었네

사랑은 뱀과 함께
독은 어린 꽃과 함께

(1941년 5월 31일)

사랑의 전당

순아 너는 내 전에 언제 들어왔던 것이냐?
내사 언제 네 전에 들어갔던 것이냐?

우리들의 전당은
고풍한 풍습이 어린 사랑의 전당

순아 암사슴처럼 수정눈을 나려 감아라.
난 사자처럼 엉크린 머리를 고루련다.

우리들의 사랑은 한낱 벙어리였다.

청춘!
성스런 촛대에 열한 불이 꺼지기 전
순아 너는 앞문으로 내 달려라.

어둠과 바람이 우리 창에 부닥치기 전
나는 영원한 사랑을 안은 채
뒷문으로 멀리 사라지련다.

이제
네게는 삼림 속의 아늑한 호수가 있고
내게는 준험한 산맥이 있다.

1938년 6월 19일

무얼 먹구 사나

바닷가 사람
물고기 잡아먹구 살구
산꼴엣 사람
감자 구어먹구 살구
별나라 사람
무얼 먹구 사나.

1936년 10월(1937년 3월 개작)

삶과 죽음

삶은 오늘도 죽음의 서곡을 노래하였다.
이 노래가 언제나 끝나랴.

      X

세상 사람은———
뼈를 녹여내는 듯한 삶의 노래에
춤을 춘다.
사람들은 해가 넘어가기 전
이 노래 끝의 공포를
생각할 사이가 없었다.

      X

(나는 이것만은 알았다.
이 노래의 끝을 맛본 이들은
자기만 알고
다음 노래의 맛을 알으켜 주지 아니 하였다.)

      X

하늘 복판에 아로새기듯이
이 노래를 부른 자가 누구뇨
그리고 소낙비 그친 뒤같이도
이 노래를 그친 자가 누구뇨.

      X

죽고 뼈만 남은
죽음의 승리자 위인들!

1934년 12월 24일

새로운 길

내를 건너서 숲으로
고개를 넘어서 마을로

어제도 가고 오늘도 갈
나의 길 새로운 길

민들레가 피고 까치가 날고
아가씨가 지나고 바람이 일고

나의 길은 언제나 새로운 길
오늘도…… 내일도……

내를 건너서 숲으로
고개를 넘어서 마을로

1938년 5월 10일

달을 쏘다

 번거롭던 사위가 잠잠해지고 시계소리가 또렷하나 보니 밤은 저윽이 깊을 대로 깊은 모양이다. 보던 책자를 책상머리에 밀어 놓고 잠자리를 수습한 다음 잠옷을 걸치는 것이다. 『딱』스위치 소리와 함께 전등을 끄고 창녘의 침대에 드러 누우니 이때까지 밖은 휘양찬 달밤이었던 것을 감각치 못하였댔다. 이것도 밝은 전등의 혜택이었을까.
 나의 누추한 방이 달빛에 잠겨 아름다운 그림이 된다는 것보담도 오히려 슬픈 선창이 되는 것이다. 창살이 이마로부터 콧마루, 입술 이렇게 하여 가슴에 여민 손등에까지 어른거려 나의 마음을 간지르는 것이다. 옆에 누운 분의 숨소리에 방은 무시무시해진다. 아이처럼 황황해지는 가슴에 눈을 치떠서 밖을 내다보니 가을 하늘은 역시 맑고 우거진 송림은 한 폭의 묵화다. 달빛은 솔가지에 솔가지에 쏟아져 바람인 양 쏴—소리가 날 듯하다. 들리는 것은 시계소리와 숨소리와 귀또리 울음뿐 벅적거리던 기숙사도 절간보다 더 한층 고요한 것이 아니냐?
 나는 깊은 사념에 잠기우기 한창이다. 딴은 사랑스런 아가씨를 사유할 수 있는 아름다운 상화도 좋고, 어린 적 미련을 두고 온 고향에의 향수도 좋거니와 그보담 손쉽게 표현 못할 심각한 그 무엇이 있다.
 바다를 건너온 H군의 편지사연을 곰곰 생각할수록 사람과 사람 사이의 감정이란 미묘한 것이다. 감상적인 그에게도 필연코 가을은 왔나보다.
 편지는 너무나 지나치지 않았던가. 그 중 한 토막,
『군아! 나는 지금 울며 울며 이 글을 쓴다. 이 밤도 달이 뜨고, 바람이 불고, 인간인 까닭에 가을이란 흙냄새도 안다.

정의 눈물 따듯한 예술학도였던 정의 눈물도 이 밤이 마지막이다.』
 또 마지막 켠으로 이런 구절이 있다.
『당신은 나를 영원히 쫓아버리는 것이 정직할 것이오.』
 나는 이 글의 뉘앙스를 해득할 수 있다. 그러나 사실 나는 그에게 아픈 소리 한 마디 한 일이 없고 서러운 글 한 쪽 보낸 일이 없지 아니한가. 생각건대 이 죄는 다만 가을에게 지워 보낼 수밖에 없다.
 홍안서생으로 이런 단안을 나리는 것은 외람한 일이나 동무란 한낱 괴로운 존재요 우정이란 진정코 위태로운 잔에 떠놓은 물이다. 이 말을 반대할 자 누구랴. 그러나 지기 하나 얻기 힘든다 하거늘 알뜰한 동무하나 잃어버린다는 것이 살을 베어내는 아픔이다.
 나는 나를 정원에서 발견하고 창을 넘어 나왔다든가 방문을 열고 나왔다든가 왜 나왔느냐 하는 어리석은 생각에 두뇌를 괴롭게 할 필요는 없는 것이다. 다만 귀뚜라미 울음에도 수줍어지는 코스모스 앞에 그윽히 서서 딱터 삘링쓰의 동상 그림자처럼 슬퍼지면 그만이다. 나는 이 마음을 아무에게나 전가시킬 심보는 없다. 옷깃은 민감이어서 달빛에도 싸늘히 추워지고 가을 이슬이란 선득선득하여서 서러운 사나이의 눈물인 것이다.
 발걸음은 몸뚱이를 옮겨 못가에 세워줄 때 못 속에도 역시 가을이 있고, 삼경이 있고 나무가 있고, 달이 있다.(달이 있고……)
 그 찰나 가을이 원망스럽고 달이 미워진다. 더듬어 돌을 찾아 달을 향하여 죽어라고 팔매질을 하였다. 통쾌! 달은 산산히 부서지고 말았다. 그러나 놀랐던 물결이 잦아들 때 오래잖아 달은 도로 살아난 것이 아니냐, 문득 하늘을 쳐다보니 얄미운 달은 머리 위에서 빈정대는 것을——
 나는 꼿꼿한 나뭇가지를 고나* 떼를 째서 줄을 메워 훌륭한 활을 만들었다. 그리고 좀 탄탄한 갈대로 화살을 삼아 무사의 마음을 먹고 달을 쏘다.

-끝-

1938년 10월 투고

---

* 나뭇가지를 고나: 나뭇가지를 골라

별
헤
는
밤

별 하나에 아름다운 말 한마디씩 불러봅니다.

자화상

산모퉁이를 돌아 논가 외딴 우물을 홀로
찾아가선 가만히 들여다봅니다.

우물 속에는 달이 밝고 구름이 흐르고
하늘이 펼치고 파아란 바람이 불고 가을이 있습니다.

그리고 한 사나이가 있습니다.
어쩐지 그 사나이가 미워져 돌아갑니다.

돌아가다 생각하니 그 사나이가 가엾어집니다.
도로 가 들여다보니 사나이는 그대로 있습니다.

다시 그 사나이가 미워져 돌아갑니다.
돌아가다 생각하니 그 사나이가 그리워집니다.

우물 속에는 달이 밝고 구름이 흐르고 하늘이 펼치고
파아란 바람이 불고 가을이 있고 추억처럼 사나이가
있습니다.

1939년 9월

거리에서

달밤의 거리
광풍이 휘날리는
북국의 거리
도시의 진주
전등밑을 헤엄치는
쪼그만 인어 나.
달과 전등에 비쳐
한 몸에 둘셋의 그림자
커졌다 작아졌다.
　　　　X
괴롬의 거리
회색빛 밤거리를
걷고 있는 이 마음.
선풍이 일고 있네
외로우면서도
한 갈피 두 갈피
피어나는 마음의 그림자.
푸른 공상이
높아졌다 낮아졌다.

1935년 1월 18일

귀뚜라미와 나와

귀뚜라미와 나와
잔디밭에서 이야기했다.

귀뜰귀뜰
귀뜰귀뜰

아무게도 알으켜 주지 말고
우리들만 알자고 약속했다.

귀뜰귀뜰
귀뜰귀뜰

귀뚜라미와 나와
달 밝은 밤에 이야기했다.

밤

외양간 당나귀
아—ㅇ 앙 외마디 울음 울고,

당나귀 소리에
으—아 아 애기 소스라쳐 깨고,

등잔에 불을 다오.

아버지는 당나귀에게
짚을 한 키 담아주고,

어머니는 애기에게
젖을 한 모금 먹이고,

밤은 다시 고요히 잠드오.

1937년 3월

울적

처음 피워본 담배맛은
아침까지 목 안에서 간질간질 타.

어젯밤에 하도 울적하기에
가만히 한 대 피워 보았더니.

1937년 6월

공상

공상—
내 마음의 탑
나는 말없이 이 탑을 쌓고 있다
명예와 허영의 천공에다
무너질 줄도 모르고
한 층 두 층 높이 쌓는다
       X
무한한 나의 공상——
그것은 내 마음의 바다
나는 두 팔을 펼쳐서
나의 바다에서
자유로이 헤엄친다
황금 지욕의 수평선을 향하여.

1935년 10월

달밤

흐르는 달의 흰 물결을 밀쳐
여윈 나무그림자를 밟으며,
북망산*을 향한 발걸음은 무거웁고
고독을 반려한 마음은 슬프기도 하다.

누가 있어만 싶던 묘지엔 아무도 없고,
정적만이 군데군데 흰 물결에 폭 젖었다.

1937년 4월 15일

---

* 북망산: 무덤이 많은 곳이나 사람이 죽어서 묻히는 곳을 이르는 말.

꿈은 깨어지고

꿈은 눈을 떴다.
그윽한 유무에서

노래하던 종달이
도망쳐 날아나고

지난날 봄타령하던
금잔디 밭은 아니다

탑은 무너졌다
붉은 마음의 탑이──

손톱으로 새긴 대리석 탑이──
하루 저녁 폭풍에 여지없이도

오 ─ 황폐의 쑥밭
눈물과 목메임이여!

꿈은 깨어졌다.
탑은 무너졌다.

1935년 10월 27일(1936년 7월 27일 개작)

가을밤

궂은 비 나리는 가을밤
벌거숭이 그대로
잠자리에서 뛰쳐나와
마루에 쭈그리고 서서
아이 ㄴ 양 하고
쏴── 오줌을 쏘오.

1936년 10월 23일

야행

정각! 마음이 아픈 데 있어 고약을 붙이고
시들은 다리를 끄을고 떠나는 행장
──── 기적이 들리잖게 운다.
사랑스런 여인이 타박타박 땅을 굴려 쫓기에
하도 무서워 상가교를 기어 넘다.
──── 이제로부터 등산철도
이윽고 사색의 포플러 터널로 들어간다.
시라는 것을 반추하다 마땅히 반추하여야 한다.
──── 저녁 연기가 노을로 된 이후
휘파람부는 햇귀뚜라미의
노래는 마디마디 끊어져
그믐달처럼 호젓하게 슬프다,
니는 노래배울 어머니도 아버지도 없나보다
──── 니는 다리 가는 쬐그만 보헤미안,
내사 보리밭 동리에 어머니도 누나도 있다.
그네는 노래부를 줄 몰라
오늘밤도 그윽한 한숨으로 보내리니──

1937년 7월 26일

유언

훠—ㄴ한 방에 유언은 소리없는 입놀림.

──바다에 진주 캐러 갔다는 아들
　　해녀와 사랑을 속삭인다는 맏아들
　　이밤에사 돌아오나 내다 봐라──

평생 외로운 아버지의 운명,
감기는 눈에 슬픔이 어린다.

외딴집에 개가 짖고,
휘양찬 달이 문살에 흐르는 밤.

1937년 10월 24일

비애

호젓한 세기의 달을 따라
알 듯 모를 듯한 데로 거닐과저!

아닌 밤중에 튀기듯이
잠자리를 뛰쳐
끝없는 광야를 홀로 거니는
사람의 심사는 외로우려니

아— 이 젊은이는
피라미드처럼 슬프구나

1937년 8월 18일

비 오는 밤

쏴— 철석! 파도소리 문살에 부서져
잠 살포시 꿈이 흩어진다.

잠은 한낱 검은 고래 떼처럼 설레어
달랠 아무런 재주도 없다.

불을 밝혀 잠옷을 정성스리 여미는
삼경.
염원.

동경의 땅 강남에 또 홍수질 것만 싶어
바다의 향수보다 더 호젓해진다.

1938년 6월 11일

내일은 없다
– 어린 마음에 물은 –

내일내일 하기에
물었더니
밤을 자고 동틀 때
내일이라고.
　　　　X
새날을 찾던 나는
잠을 자고 돌보니
그때는 내일이 아니라
오늘이더라.
　　　　X
무리여!
내일은 없나니
…………

1934년 12월 24일

산골물

괴로운 사람아 괴로운 사람아
옷자락 물결 속에서도
가슴속 깊이 돌돌 샘물이 흘러
이 밤을 더불어 말할 이 없도다.
거리의 소음과 노래 부를 수 없도다.
그신 듯이 냇가에 앉았으니
사랑과 일을 거리에 맡기고
가만히 가만히
바다로 가자,
바다로 가자.

못 자는 밤

하나, 둘, 셋, 네
....
밤은
많기도 하다.

쉽게 씌어진 시

창밖에 밤비가 속살거려
육첩방은 남의 나라,

시인이란 슬픈 천명인 줄 알면서도
한 줄 시를 적어볼까,

땀내와 사랑내 포근히 품긴
보내주신 학비 봉투를 받아

대학 노―트를 끼고
늙은 교수의 강의를 들으러 간다.

생각해보면 어린 때 동무를
하나, 둘, 죄다 잃어버리고

나는 무얼 바라
나는 다만, 홀로 침전하는 것일까?

인생은 살기 어렵다는데
시가 이렇게 쉽게 씌어지는 것은
부끄러운 일이다.

육첩방은 남의 나라
창밖에 밤비가 속살거리는데,

등불을 밝혀 어둠을 조금 내몰고,

시대처럼 올 아침을 기다리는 최후의 나,

나는 나에게 적은 손을 내밀어
눈물과 위안으로 잡는 최초의 악수.

1942년 6월 3일

또 다른 고향

고향에 돌아온 날 밤에
내 백골이 따라와 한 방에 누웠다.

어둔 방은 우주로 통하고
하늘에선가 소리처럼 바람이 불어온다.

어둠 속에 곱게 풍화작용하는
백골을 들여다보며
눈물짓는 것이 내가 우는 것이냐
백골이 우는 것이냐
아름다운 혼이 우는 것이냐

지조 높은 개는
밤을 새워 어둠을 짖는다.

어둠을 짖는 개는
나를 쫓는 것일 게다.

가자 가자
쫓기우는 사람처럼 가자.
백골 몰래
아름다운 또 다른 고향에 가자.

1941년 9월

참회록

파란 녹이 낀 구리 거울 속에
내 얼굴이 남아있는 것은
어느 왕조의 유물이기에
이다지도 욕될까

나는 나의 참회의 글을 한 줄에 줄이자
──만 이십사년 일 개월을
　　무슨 기쁨을 바라 살아왔던가

내일이나 모레나 그 어느 즐거운 날에
나는 또 한 줄의 참회록을 써야 한다.
──그때 그 젊은 나이에
　　왜 그런 부끄런 고백을 했던가.

밤이면 밤마다 나의 거울을
손바닥으로 발바닥으로 닦아 보자

그러면 어느 운석 밑으로 홀로 걸어가는
슬픈 사람의 뒷모양이
거울 속에 나타나온다.

(1942년) 1월 24일

십자가

쫓아오던 햇빛인데
지금 교회당 꼭대기
십자가에 걸리었습니다.

첨탑이 저렇게도 높은데
어떻게 올라갈 수 있을까요.

종소리도 들려오지 않는데
휘파람이나 불며 서성거리다가

괴로웠던 사나이
행복한 예수·그리스도에게
처럼
십자가가 허락된다면

모가지를 드리우고
꽃처럼 피어나는 피를
어두워 가는 하늘밑에
조용히 흘리겠습니다.

1941년 5월 31일

새벽이 올 때까지

다들 죽어가는 사람들에게
검은 옷을 입히시오.

다들 살아가는 사람들에게
흰 옷을 입히시오.

그리고 한 침대에
가지런히 잠을 재우시오.

다들 울거들랑
젖을 먹이시오.

이제 새벽이 오면
나팔소리 들려올 게외다.

1941년 5월

어머니

어머니!
젖을 빨려 이 마음을 달래어 주시오.
이 밤이 자꾸 서러워지나이다.

이 아이는 턱에 수염자리 잡히도록
무엇을 먹고 자랐나이까?
오늘도 흰 주먹이
입에 그대로 물려 있나이다.

어머니
부서진 납인형도 슬혀진 지
벌써 오랩니다.

철비가 후누주군이 내리는 이 밤을
주먹이나 빨면서 새우리까?
어머니! 그 어진 손으로
이 울음을 달래어 주시오.

1938년 5월 28일

아우의 인상화

붉은 이마에 싸늘한 달이 서리어
아우의 얼굴은 슬픈 그림이다.

발걸음을 멈추어
살그머니 애띤 손을 잡으며
「너는 자라 무엇이 되려니」
「사람이 되지」
아우의 설운 진정코 설운 대답이다.

슬며―시 잡았던 손을 놓고
아우의 얼굴을 다시 들여다본다.

싸늘한 달이 붉은 이마에 젖어
아우의 얼굴은 슬픈 그림이다.

1938년 10월 17일

돌아와 보는 밤

세상으로부터 돌아오듯이 이제 내 좁은 방에 돌아와 불을 끄옵니다. 불을 켜두는 것은 너무나 피로롭은 일이옵니다. 그것은 낮의 연장이옵기에——

이제 창을 열어 공기를 바꾸어 들여야 할 텐데 밖을 가만히 내다보아야 방안과 같이 어두워 꼭 세상 같은데 비를 맞고 오던 길이 그대로 비속에 젖어 있사옵니다.

하루의 울분을 씻을 바 없어 가만히 눈을 감으면 마음 속으로 흐르는 소리, 이제 사상이 능금처럼 저절로 익어 가옵니다.

1941년 6월

눈 감고 간다

태양을 사모하는 아이들아
별을 사랑하는 아이들아

밤이 어두웠는데
눈감고 가거라.

가진 바 씨앗을
뿌리면서 가거라.

발뿌리에 돌이 채이거든
감았던 눈을 왓작* 떠라.

1941년 5월 31일

---

* 왓작: 와짝. 기운이나 기세가 갑자기 커지는 모양.

명상

가츨가츨한* 머리칼은 오막살이 처마끝,
휘파람에 콧마루가 서운한 양 간지럽소.

들창같은 눈은 가볍게 닫혀,
이 밤에 연정은 어둠처럼 골골이 스며드오.

1937년 8월 20일

---

* 가츨가츨한: 가지런하의 함경도 사투리

달같이

연륜이 자라듯이
달이 자라는 고요한 밤에
달같이 외로운 사랑이
가슴하나 뻐근히
연륜처럼 피어나간다.

1939년 9월

흐르는 거리

으스럼히 안개가 흐른다. 거리가 흘러간다. 저 전차, 자동차, 모든 바퀴가 어디로 흘리워가는 것일까? 정박할 아무 항구도 없이, 가련한 많은 사람들을 싣고서, 안개 속에 잠긴 거리는,

거리모퉁이 붉은 포스트상자를 붙잡고, 섰을라면 모든 것이 흐르는 속에 어렴풋이 빛나는 가로등, 꺼지지 않는 것은 무슨 상징일까? 사랑하는 동무 박이여! 그리고 김이여! 자네들은 지금 어디 있는가? 끝없이 안개가 흐르는데,

「새로운 날 아침 우리 다시 정답게 손목을 잡아보세」 몇 자 적어 포스트 속에 떨어트리고, 밤을 새워 기다리면 금휘장에 금단추를 삐었고 거인처럼 찬란히 나타나는 배달부, 아침과 함께 즐거운 내림(來臨)[*],

이 밤을 하염없이 안개가 흐른다.

(1942년) 5월 12일

---

* 내림(來臨): '남이 자기 있는 곳으로 찾아오는 일'을 높여 이르는 말

별 헤는 밤

계절이 지나가는 하늘에는
가을로 가득 차 있습니다.

나는 아무 걱정도 없이
가을 속의 별들을 다 헤일 듯합니다.

가슴 속에 하나 둘 새겨지는 별을
이제 다 못 헤는 것은
쉬이 아침이 오는 까닭이요,
내일 밤이 남은 까닭이요,
아직 나의 청춘이 다하지 않은 까닭입니다.

별 하나에 추억과
별 하나에 사랑과
별 하나에 쓸쓸함과
별 하나에 동경과
별 하나에 시와
별 하나에 어머니, 어머니,

어머님, 나는 별 하나에 아름다운 말 한마디씩 불러봅니다. 소학교때 책상을 같이 했던 아이들의 이름과, 패, 경, 옥 이런 이국 소녀들의 이름과 벌써 애기 어머니 된 계집애들의 이름과, 가난한 이웃사람들의 이름과, 비둘기, 강아지, 토끼, 노새, 노루, 「프란시스·쟘」「라이너·마리아·릴케」이런 시인의 이름을 불러봅니다.

이네들은 너무나 멀리 있습니다.
별이 아슬히 멀 듯이,

어머님,
그리고 당신은 멀리 북간도에 계십니다.

나는 무엇인지 그리워
이 많은 별빛이 나린 언덕 위에
내 이름자를 써보고,
흙으로 덮어 버리었습니다.

딴은 밤을 새워 우는 벌레는
부끄러운 이름을 슬퍼하는 까닭입니다.

그러나 겨울이 지나고 나의 별에도 봄이 오면
무덤 위에 파란 잔디가 피어나듯이
내 이름자 묻힌 언덕 위에도
자랑처럼 풀이 무성할 게외다.

1941년 11월 5일

별똥 떨어진 데

 밤이다.

 하늘은 푸르다 못해 농회색으로 캄캄하나 별들만은 또렷또렷 빛난다. 침침한 어둠뿐만 아니라 오삭오삭 춥다. 이 육중한 기류 가운데 자조하는 한 젊은이가 있다. 그를 나라고 불러두자.

 나는 이 어둠에서 배태되고 이 어둠에서 생장하여서 아직도 이 어둠 속에 그대로 생존하나 보다. 이제 내가 갈 곳이 어딘지 몰라 허우적거리는 것이다. 하기는 나는 세기의 초점인 듯 초췌하다. 얼핏 생각하기에는 내 바닥을 반듯이 받들어 주는 것도 없고 그렇다고 내 머리를 갑박이 나려 누르는 아무것도 없는 듯하다마는 내막은 그렇지도 않다. 나는 도무지 자유스럽지 못하다. 다만 나는 없는 듯 있는 하루살이처럼 허공에 부유하는 한 점에 지나지 않는다. 이것이 하루살이처럼 경쾌하다면 마침 다행할 것인데 그렇지를 못하구나!

 이 점의 대칭위치에 또 하나 다른 밝음의 초점이 도사리고 있는 듯 생각킨다. 덥석 움키었으면 잡힐 듯도 하다.

 만은 그것을 휘잡기에는 나 자신이 둔질이라는 것보다 오히려 내 마음에 아무런 준비도 배포치 못한 것이 아니냐. 그리고 보니 행복이란 별스런 손님을 불러들이기에도 또 다른 한 가닥 구실을 치르지 않으면 안 될까 보다.

 이 밤이 나에게 있어 어린 적처럼 한낱 공포의 장막인 것은 벌써 흘러간 전설이요, 따라서 이 밤이 향락의 도가니라는 이야기도 나의 염두에선 아직 소화시키지 못할 돌덩이다. 오로지 밤은 나의 도전의 호적이면 그만이다.

 이것이 생생한 관념세계에만 머무른다면 애석한 일이다.

어둠 속에 깜박깜박 조을며 다닥다닥 나란히 한 초가들이 아름다운 시의 화사가 될 수 있다는 것은 벌써 지나간 제너레이션의 이야기요, 오늘에 있어서는 다만 말 못하는 비극의 배경이다.

 이제 닭이 홰를 치면서 맵짠 울음을 뽑아 밤을 쫓고 어둠을 줏내몰아 동켠으로 휙—ㄴ히 새벽이란 새로운 손님을 불러온다 하자. 하나 경망스럽게 그리 반가워할 것은 없다. 보아라 가령 새벽이 왔다 하더라도 이 마을은 그대로 암담하고 나도 그대로 암담하고 하여서 너나 나나 이 가랑지길에서 주저주저 아니치 못할 존재들이 아니냐.

 나무가 있다.

 그는 나의 오랜 이웃이요, 벗이다. 그렇다고 그와 내가 성격이나 환경이나 생활이 공통한 데 있어서가 아니다. 말하자면 극단과 극단 사이에도 애정이 관통할 수 있다는 기적적인 교분의 한 표본에 지나지 못할 것이다.

 나는 처음 그를 퍽 불행한 존재로 가소롭게 여겼다. 그의 앞에 설 때 슬퍼지고 측은한 마음이 앞을 가리곤 하였다. 만은 오늘 돌이켜 생각컨대 나무처럼 행복한 생물은 다시 없을 듯하다. 굳음에는 이루 비길 데 없는 바위에도 그리 탐탁치는 못할망정 자양분이 있다 하거늘, 어디로 간들 생의 뿌리를 박지 못하며 어디로 간들 생활의 불평이 있을소냐. 칙칙하면 솔솔 솔바람이 불어오고, 심심하면 새가 와서 노래를 부르다 가고, 촐촐하면 한줄기 비가 오고, 밤이면 수많은 별들과 오손도손 이야기할 수 있고——보다 나무는 행동의 방향이란 거추장스런 과제에 봉착하지 않고 인위적으로든 우연으로서든 탄생시켜준 자리를 지켜 무궁무진한 영양소를 흡취하고 영롱한 햇빛을 받아들여 손쉽게 생활을 영위하고 오로지 하늘만 바라고 뻗어질 수 있는 것이 무엇보다 행복스럽지 않으냐.

 이 밤도 과제를 풀지 못하여 안타까운 나의 마음에 나무의 마음이 점점 옮아오는 듯하고, 행동할 수 있는 자랑을 자랑치 못함에 뼈저리는 듯하나 나의 젊은 선배의 웅변이 왈 선배도 믿지 못할 것이라니 그러면 영리한 나무에게 나의 방향을 물어야 할 것인가.

 어디로 가야 하느냐, 동이 어디냐, 서가 어디냐, 남이 어디냐, 북이 어디냐, 아라! 저 별이 번쩍 흐른다. 별똥 떨어진 데가 내가 갈 곳인가 보다. 하면 별똥아! 꼭 떨어져야 할 곳에 떨어져야 한다.

종시

 종점이 시점이 된다. 다시 시점이 종점이 된다.
 아침, 저녁으로 이 자국을 밟게 되는 데 이 자국을 밟게 된 연유가 있다. 일찍이 서산대사가 살았을 듯한 우거진 송림 속, 게다가 덩그러시 살림집은 외따로 한 채뿐이었으나 식구로는 굉장한 것이어서 한 지붕 밑에서 팔도 사투리를 죄다 들을 만큼 모아놓은 미끈한 장정들만이 욱실욱실하였다. 이곳에 법령은 없었으나 여인금납구였다. 만일 강심장의 여인이 있어 불의의 침입이 있다면 우리들의 호기심을 저윽이* 자아내었고, 방마다 새로운 화제가 생기곤 하였다. 이렇듯 수도 생활에 나는 소라 속처럼 안도하였던 것이다.
 사건이란 언제나 큰 데서 동기가 되는 것보다 오히려 적은 데서 더 많이 발작하는 것이다.
 눈 온 날이었다. 동숙하는 친구의 친구가 한 시간 남짓한 문안 들어가는 차시간까지를 낭비하기 위하여, 나의 친구를 찾아 들어와서 하는 대화였다.
「자네 여보게 이집 귀신이 되려나?」
「조용한 게 공부하기 작히나 좋잖은가.」
「그래 책장이나 뒤적뒤적하면 공분 줄 아나. 전차간에서 내다볼 수 있는 광경, 정거장에서 맛볼 수 있는 광경, 다시 기차 속에서 대할 수 있는 모든 일들이 생활 아닌 것이 없거든. 생활 때문에 싸우는 이 분위기에 잠겨서, 보고, 생각하고, 분석하고, 이거야말로 진정한 의미의 교육이 아니겠는가. 여보게! 자네 책장만 뒤지고 인생이 어드렇니 사회가 어드렇니 하는 것은 16세기에서나 찾아볼 일일세. 단연 문

---

* 저윽이: 적이, 상당히, 꽤

안으로 나오도록 마음을 돌리게.」

 나한테 하는 권고는 아니었으나 이 말에 귀틈 뚫려 상푸둥 그러리라고 생각하였다. 비단 여기만이 아니라 인간을 떠나서 도를 닦는다는 것이 한낱 오락이요, 오락이매 생활이 될 수 없고, 생활이 없으매 이 또한 죽은 공부가 아니랴. 하야 공부도 생활화하여야 되리라 생각하고 불일내에 문안으로 들어가기를 내심으로 단정해 버렸다. 그 뒤 매일같이 이 자국을 밟게 된 것이다.

 나만 일찍이 아침거리의 새로운 감촉을 맛볼 줄만 알았더니 벌써 많은 사람들의 발자욱에 포도는 어수선할 대로 어수선했고, 정류장에 머물 때마다 이 많은 무리를 죄다 어디 갖다 터뜨릴 심산인지 꾸역구역 자꾸 박아 싣는데, 늙은이, 젊은이, 아이 할 것 없이 손에 꾸러미를 안 든 사람은 없다. 이것이 그들 생활의 꾸러미요, 동시에 권태의 꾸러미인지도 모르겠다.

 이 꾸러미를 든 사람들의 얼굴을 하나하나씩 뜯어보기로 한다. 늙은이 얼굴이란 너무 오래 세파에 짜들어서 문제도 안 되겠거니와 그 젊은이들 낯짝이란 도무지 말씀이 아니다. 열이면 열이 다 우수 그것이요, 백이면 백이 다 비참 그것이다. 이들에게 웃음이란 가물에 콩싹이다. 필경 귀여우리라는 아이들의 얼굴을 보는 수밖에 없는데 아이들의 얼굴이란 너무나 창백하다. 혹시 숙제를 못해서 선생한테 꾸지람 들을 것이 걱정인지 풀이 죽어 쭈그러뜨린 것이 활기란 도무지 찾아볼 수 없다. 내 상도 필연코 그 꼴일 텐데 내 눈으로 그 꼴을 보지 못하는 것이 다행이다. 만일 다른 사람의 얼굴을 보듯 그렇게 자주 내 얼굴을 대한다고 할 것 같으면 벌써 요사하였을는지도 모른다.

 나는 내 눈을 의심하기로 하고 단념하자!

차라리 성벽 위에 펼친 하늘을 쳐다보는 편이 더 통쾌하다. 눈은 하늘과 성벽 경계선을 따라 자꾸 달리는 것인데 이 성벽이란 현대로써 캄플라지한 옛 금성이다. 이 안에서 어떤 일이 이루어졌으며 어떤 일이 행하여지고 있는 지 성 밖에서 살아 왔고 살고 있는 우리들에게는 알 바가 없다. 이제 다만 한 가닥 희망은 이 성벽이 끊어지는 곳이다.

 기대는 언제나 크게 가질 것이 못되어서 성벽이 끊어지는 곳에 총독부, 도청 무슨 참고관, 체신국, 신문사, 소방조, 무슨 주식회사, 부청, 양복점, 고물상 등 나란히 하고 연달아 오다가 아이스케이크 간판에 눈이 잠깐 머무는데 이 놈을 눈나린 겨울에 빈집을 지키는 꼴이라든가, 제 신분에 맞지 않는 가게를 지키는 꼴을 살짝 필름에 올리어 본달 것 같으면 한 폭의 고등 풍자만화가 될 터인데 하고 나는 눈을 감고 생각하기로 한다. 사실 요즈음 아이스케이크 간판 신세를 면치 아니치 못할 자 얼마나 되랴. 아이스케이크 간판은 정열에 불타는 염서*가 진정코 아수롭다.

 눈을 감고 한참 생각하느라면 한 가지 꺼리끼는 것이 있는데 이것은 도덕률이란 거추장스러운 의무감이다. 젊은 녀석이 눈을 딱 감고 버티고 앉아 있다고 손가락질 하는 것 같아 번쩍 눈을 떠본다. 하나 가차이 자선할 대상이 없음에 자리를 잃지 않겠다는 심정보다 오히려 아니꼽게 본 사람이 없었으리란 데 안심이 된다.

 이것은 과단성** 있는 동무의 주장이지만 전차에서 만난 사람은 원수요, 기차에서 만난 사람은 지기라는 것이다. 딴은 그러리라고 얼마큼 수긍하였댔다. 한자리에서 몸을 비

---

*   염서: 몹시 심한 더위
** 과단성: 일을 딱 잘라서 결정하는 성질

비적거리면서도 「오늘은 좋은 날씨올시다.」 「어디서 내리시나요.」쯤의 인사는 주고받을 법한데, 일언반구 없이 뚱한 꼴들이 작히나 큰 원수를 맺고 지내는 사이들 같다. 만일 상냥한 사람이 있어 요만큼의 예의를 밟는다고 할 것 같으면, 전차 속의 사람들은 이를 정신이상자로 대접할 게다. 그러나 기차에서는 그렇지 않다. 명함을 서로 바꾸고 고향 이야기, 행방이야기를 꺼리낌없이 주고받고 심지어 남의 여로를 자기의 여로인 것처럼 걱정하고, 이 얼마나 다정한 인생행로냐.

이러는 사이에 남대문을 지나쳤다. 누가 있어 「자네 매일같이 남대문을 두 번씩 지날 터인데 그래 늘 보곤 하는가」라는 어리석은 듯한 멘탈 테스트를 낸다면은 나는 아연해지지 않을 수 없다. 가만히 기억을 더듬어 본달 것 같으면 늘이 아니라 이 자국을 밟은 아래 그 모습을 한번이라도 쳐다본 적이 있었던 것 같지 않다. 하기는 그것이 나의 생활에 긴한 일이 아니매 당연한 일일 게다. 하나 여기에 하나의 교훈이 있다. 회수가 너무 잦으면 모든 것이 피상적이 되어버리나니라.

이것과는 관련이 먼 이야기 같으나 무료한 시간을 까기 위하여 한 마디 하면서 지나가자.

시골서는 제노라고 하는 양반이었던 모양인데 처음 서울 구경을 하고 돌아가서 며칠 동안 배운 서울 말씨를 섣불리 써가며 서울 거리를 손으로 형용하고 말로서 떠벌여 옮겨놓더란데, 정거장에 턱 내리니 앞에 고색이 창연한 남대문이 반기는 듯 가로 막혀 있고, 총독부 집이 크고, 창경원에 백 가지 금수가 봄직했고 덕수궁의 옛 궁전이 회포를 자아냈고, 화신 승강기는 머리가 힁―했고, 본정엔 전등이 낮처럼 밝은데 사람이 물 밀리듯 밀리고, 전차란 놈이 윙윙 소리를 지르며 지르며 연달아 달리고— 서울이 자기 하나를 위하여 이루어진 것처럼 우쭐했는데 이것쯤은 있을 듯한 일이다. 한데 게도 방정꾸러기가 있어
「남대문이란 현판이 참 명필이지요.」
하고 물으니 대답이 걸작이다.
「암 명필이구말구. 남자 대자 문자 하나 하나 살아서 막 꿈틀거리는 것 같데.」 어느 모로나 서울자랑 하려는 이 양반으로서는 가당한 대답일 게다. 이분에게 아현 고개 막바지기에, – 아니 치벽한 데* 말고 – 가차이 종로 뒷골목에 무엇이 있던가를 물었더라면 얼마나 당황해 했으랴.
나는 종점을 시점으로 바꾼다.
내가 내린 곳이 나의 종점이요, 내가 타는 곳이 나의 시점이 되는 까닭이다. 이 짧은 순간 많은 사람 사이에 나를 묻는 것인데 나는 이네들에게 너무나 피상적이 된다. 나의 휴머니티를 이네들에게 발휘해낸다는 재주가 없다. 이네들의 기쁨과 슬픔과 아픈 데를 나로서는 측량한다는 수가 없는 까닭이다. 너무 막연하다. 사람이란 회수가 잦은 데와 양이 많은 데는 너무나 쉽게 피상적이 되나보다. 그럴수록 자기 하나 간수하기에 분망하나보다.
시그널을 밟고 기차는 왱—떠난다. 고향으로 향한 차도 아니건만 공연히 가슴은 설렌다. 우리 기차는 느릿느릿 가다 숨차면 가정거장에서도 선다. 매일같이 웬 여자들인지 주렁주렁 서 있다. 제마다 꾸러미를 안았는데 예의 그 꾸러미인 듯 싶다. 다들 방년된 아가씨들인데 몸매로 보아 하니 공장으로 가는 직공들은 아닌 모양이다. 얌전히들 서서 기차를 기다리는 모양이다. 판단을 기다리는 모양이다. 하나

---

* 치벽한 데: 외진 곳

경망스럽게 유리창을 통하여 미인판단을 내려서는 안 된다. 피상법칙이 여기에도 적용될지 모른다. 투명한 듯하나 믿지 못할 것이 유리다. 얼굴을 찌깨놓은 듯이 한다든가 이마를 좁다랗게 한다든가 코를 말코로 만든다든가 턱을 조개턱으로 만든다든가 하는 악희를 유리창이 때때로 감행하는 까닭이다. 판단을 내리는 자에게는 별반 이해관계가 없다손 치더라도 판단을 받는 당자에게 오려던 행운이 도망갈는지를 누가 보장할소냐. 여하간 아무리 투명한 꺼풀일지라도 깨끗이 벗겨버리는 것이 마땅할 것이다.

이윽고 터널이 입을 벌리고 기다리는데 거리 한가운데 지하철도도 아닌 터널이 있다는 것이 얼마나 슬픈 일이냐. 이 터널이란 인류역사의 암흑시대요, 인생행로의 고민상이다. 공연히 바퀴소리만 요란하다. 구역날 악질의 연기가 스며든다. 하나 미구에 우리에게 광명의 천지가 있다.

터널을 벗어났을 때 요즈음 복선공사에 분주한 노동자들을 볼 수 있다. 아침 첫차에 나갔을 때에도 일하고 저녁 늦차에 들어올 때에도 그네들은 그대로 일하는데 언제 시작하여 언제 그치는지 나로서는 헤아릴 수 없다. 이네들이야말로 건설의 사도들이다. 땀과 피를 아끼지 않는다.———

그 육중한 도락구*를 밀면서도 마음만은 요원한 데 있어 도락구 판장에다 서투른 글씨로 신경행이니 북경행이니 남경행이니 라고 써서, 타고 다니는 것이 아니라 밀고 다닌다. 그네들의 마음을 엿볼 수 있다. 그것이 고력에 위안이 안 된다고 누가 주장하랴.

이제 나는 곧 종시를 바꿔야 한다. 하나 내 차에도 신경행,

---

* 도락구: 일본어로 トラック[트럭]을 일컫는다.

북경행, 남경행을 달고 싶다. 세계일주행이라고 달고 싶다. 아니 그보다 진정한 내 고향이 있다면 고향행을 달겠다. 다음 도착하여야 할 시대의 정거장이 있다면 더 좋다.

향기에 대하여

IV

별이 바람에 스치운다、향기에 대하여

향기작가 한서형

향기에게는 바람이 단짝입니다. 옅은 숨 따라 코끝을 오가는 숨결도, 햇살 아래 살랑이는 샛바람도, 가을 단풍 곁을 서성이는 하늬바람도 시절의 향기를 실어 나릅니다. 별이 향기를 가진다면, 바람에 스치울 때야말로 가장 향기로운 순간일 것입니다.

별빛이 내릴 향기를 그리고 싶어, 오래도록 사유했습니다. 윤동주 시인의 시를 읽을 때마다, 맑은 시어 속에 비친 영혼의 빛을 보았습니다. 때로는 미소를 짓게 하고, 때로는 고독으로 이끌어 눈시울을 뜨겁게 만드는 시. '잎새에 이는 바람에도 괴로워'하면서 '죽어가는 것을 사랑'하는 큰마음을 품을 수 있는 모순은, 오히려 순하고 다정하게 여겨졌습니다.

문득 유향이 떠올랐습니다. 황량한 사막에서 자라는 나무의 상처 난 자리에 맺히는 금빛 나뭇진. 신이 흘린 땀방울이라 불렸고, 성경에는 동방박사가 아기 예수에게 전한 세 가지 선물 중 하나라고 전해집니다. 고대로부터 성스러운 의식 속에서 피워 올려진 유향. 상처에서 피어난 이 맑은 내음이 윤동주의 시와 닮았다고 느꼈습니다.

신성한 빛을 머금은 유향을 중심에 두고, 환히 길을 밝혀 시의 길로 안내할 시트러스로 향기의 시작을 열었습니다. 영혼에 위안이 필요할 때 따뜻이 감싸주는 엘레미와, 바람의 숨결을 지닌 사이프러스를 곁들였습니다. 풀어놓기 두려운 감정을 직면할 용기를 주는 스파이크나드가 향에 깊이를 더하고, 밤의 화원에서 은밀히 피어나는 재스민이 달빛 색을 칠합니다. 그리고 한글마저 금지된 시대에도 끝까지 모국어로 시를 쓴 윤동주 시인을 기리며, 우리 땅의 편백으로 마무리했습니다. 책장을 넘겨 향을 만나면, 마음 속 그늘이 스르르 힘을 잃기를, 별을 사랑하는 마음으로 생을 사랑할 힘을 얻기를 바라면서요.

　별빛은 화려하지 않습니다. 그러나 그 빛 하나로 밤은 견디고, 소망은 자라며, 내일은 꿈꿀 수 있습니다. 부디 이 책을 펼쳐 시를 읽을 때, 당신 마음에도 작은 별 하나 뜨기를 바랍니다. 살아 있어 주셔서 감사합니다.

— 존경과 행복의 집에서, 향기작가 한서형

윤동주 향기시집

별이 바람에 스치운다

초판 1쇄 발행일 2025년 9월 27일

시 / 윤동주
향 / 한서형
펴낸이 / 유명훈
원문과 이미지 협조 / 종로문화재단 윤동주문학관, 연세대학교 윤동주기념관
기획·마케팅 협업 / 종로문화재단 윤동주문학관
기획·편집 / 한서형
디자인 / 김기현
인쇄·제책 / ㈜상지사피앤비

펴낸 곳 / 존경과 행복
등록 / 2022년 12월 9일 제 2022-000009호
주소 / 경기도 가평군 상면 축령로45번길 62-240 존경과 행복의 집
전화 / 031-585-5159
웹사이트 / https://www.respectandhappiness.com
인스타그램 / @respectandhappiness.books

ISBN 979-11-984330-3-9

이 책의 향은 종이에 수록되어 있으며, 향을 머금는 과정에서 향료로 인한 자국이 생길 수 있습니다. 이는 하자가 아닙니다. 종이가 머금은 향은 시간의 흐름과 보존 상태에 따라 지속성이 변합니다. 또한, 개개인의 후각 경험과 건강 상태에 따라 향의 느낌이나 강도를 다르게 느낄 수 있습니다. 그러므로 향이 약하게 느껴진다고 해서 이를 교환 사유로 삼을 수는 없습니다. 이 책은 저작권법에 따라 보호를 받는 저작물이므로 무단 전재와 복제를 금하며, 책의 내용을 일부 또는 전부 이용하고자 하는 경우, 저작권자 및 존경과 행복 출판사와의 서면 동의가 필요합니다. 책의 가격은 뒤표지에 표시되어 있습니다. 잘못된 책은 구입하신 곳에서 교환해 드립니다.